AF490511

9 789778 983647

مراسيل حب مقتول

نبض القمة للترجمة

جمهورية مصر العربية ــ القاهرة

مدير الدار: أ/ وليد عاطف حسني

موبايل: 01116058384

الميل: nabdalqima@gmail.com

مراسيل حب مقتول

رحاب ماهر

1

لم يمت حبك داخلي

لم يعلن قلبي عن رايته البيضاء للكف عن حبك

أنا هنا غارقة في ذكريات ثلاثة أعوام مضوا ربما أربع، عشرة لا أتذكر؛ فلا يهمني عدد السنوات وهبت عمري لك أحتفظ بكل منهم هنا

لم يسع قلبي بكائي فبدأ بطعني بنخزات مع رعشة في أطرافي و...

أنا هنا بجثة الميت انتظرك؛ لإخراجي من هذا التابوت الذي ألقيتني به منذ سنوات

يمر يوم وسنة وأخرى وعمر كامل ولم تأتي؛ ألم تتذكرني؟!

أجيد حفظ الكلمات خاصتك كطفل لا يعرف شيئًا سوى أسماء والديه

لا أعلم لمَ تركت يدي؟

ألم يكن حبي كافيًا؟!

كنت تناديني بمعشوقتي قبل...

أين أنا منك؟!

لم ألقيت حبي تحت قدمك ومررت دون التفات لمناجاتي؟

لماذا أحرقتني وكأني مجرد سيجارة أفرغت بها همك؟

أين حبك، أين أنا!؟

2

أكتب لك اليوم النص الخامس والعشرون دون أن يلتفت لي أحد

وحدي وحزني أكتب بدموعي

أتجرع قسطًا من القهوة، فأنت من علمني التلذذ بالمر

تخيل أني أحببت مرارة الأيام، مرارة حياتي وحزني الذي لا ينتهي.... أحببت كل شيء مر لأجلك.

في كل مرة أنوي الحديث عن كرهي لك واقتلاعك من قلبي فحسب، مع أول كلمة يخدعني قلمي ربما بدل الميم باء فيكتب اشتقت لك...، فأبكي مجددًا وكل دمعة تحكي ذكرى بيننا.

ألملم أوراقي، وأظل عالقةً في أفكاري حتى أفيق بالنهاية لتساقط دمعي على صورنا

لم أرَ صدق في عين أحد غيرك

لن أستطيع أن أحب غيرك

أحببتك بأنانية حتى على نفسي

لم يأخذ قلبي قسطًا للتنفس دون طلوعه من آخر.

3

كانت مشكلتي أني أهب الحب بسخاء

أصبه في قلب من أحب بلا حدود

عيناي لا تنم، تبقى مستيقظة طيلة الليل حتى تحمي أرض قلبه؛
لكي لا يمسها أي سوء

أزرع سنبلات الحب؛ فأرويها بقلبي حتى يطمئن

وحين تغفل عيني أستيقظ مرتجفة

يفزعني بقطع كل ذلك

معلنًا هجره لقلبي المسكين...

فكنت كالذي سهر الليالي متعبًا لينال ما يريد، وقوبل بالرفض

4

بعد أن كنا أصدقاء

تدخل الحب بيننا..

بنى بيننا حاجز، لن نستطيع اقتلاعه ثانيًا

لم أعد شخصك المفضل

لم أعد ملجأك الوحيد الذي تركن إليه

لم نعد نحن

نحن الذين تعاهدنا السير معًا، إلى أن ينتهي بنا المطاف بالموت

أين أنت؟

لا أعلم لم تركنا الحب يدخل بيننا

أتمنى لو أعود ولن أسمح له الدخول حينما يدق بابنا

كنا أوفى الأصدقاء

كنت أعتبرك أنا، ملجأي أماني، كل شيء مفضل بالنسبة لي

أخبرني أني لم أعد أعني له شيئًا!

وأن هناك من امتلكه، تملك حياته وألقاني بعيدًا عنها

أنا من زرع به الحب، وهي من حصدت الثمار

5

لم أعد أنا، كل شيء أصبح مرهونًا بك

لم ترحل أنت فقط

قلبي، فرحتي، وأنا لم أرى منهم أحد قط بعد غيابك

كانت تعلو الابتسامة وجهي؛ حتى أفلت يدك

أصبح وجهي مزين بالحزن تعلوه الكآبة

لم أنتهي من التساؤلات

كيف أصبحتِ هكذا؟

لم يعد يرضي قلبي شيئًا مهما حاولت إسعاده

يشتعل قلبي حينما يطرح عقلي ماذا فعلت لترحل؟!

كل شيء معلقًا بك

لم تنفصل روحك عني!

مللت من انتظاري، وأنا على دراية كاملة أن كل ما انتهى لن يعود مرة أخرى

ولكن أحبك.

6

راهنت عليك؛ فخسرت نفسي وقلبي وكل ما كان لديَّ

لم ألتفت لمن قال سيتركك حتى صعقت بخذلانك

أنت من عاهدني ألا نفترق مهما كلفنا كلفنا الأمر

لم أكن أعلم أن أنانيتك

إلى هذا الحد

استطاع قلبك انتشالي فورًا خارجه

لم تتساءل ولو مرة كيف سيمضي يومي دونك وأنت تعلم أني
دونك دون؟

كيف تحولت إلى عدو بعدما كنت أحب إليك من نفسك؟

يؤلمني قولي لم تحبني

أيعقل أن كل ما مضى مجرد وهم؟!

لماذا قطعت السير وسط الطريق؟

لِمَ جعلتني أشعر أني لا أصلح كوني حبيبة؟

لِمَ أصلح لأكون أمانك؟

أنا من أحببتك

أعطني إجابة ولو مرة

لِمَ أفلت يدي؟!

7

يوم جديد دونك

حزن جديد، بكاء مرهق، جرح أعمق

ذكريات تنهشني، تأكل جسدي وأفكار لن تنتهي

**وفي الوقت ذاته أمل جديد في عودتك، أحلام وردية لمستقبلنا
واجتماع قلبي وقلبك مرة أخرى**

صراع بين عقلي وقلبي ينتهي بانهياري

**أتذكر قسوتك في آخر لقاء بيننا، حينما أخبرتني إني مجرد
شيء لا جدوى منه، وانتهى بالنسبة لك**

قسوة عينيك على قلبي الذي أحبك

إلى الآن أتساءل من أنت؟

أين حبيبي مدللي؟

أين من كان أحن على قلبي ونفسي مني؟

أين حبك؟

أين نحن؟

8

أرسلت له كيف حالك؟

أخبرني أنه ليس بخير!

وقبل أن أرسل له وأنا مثلك ولن أكون بخير دونك ولم أعد أحتمل غيابك...

صعقتني رده تمنيت لو توقف عمري قبل أن يسمعه قلبي

أخبرني أنه حزين باختفاء حبيبته المتغيبة عنه يومين!

يبكي قهرًا أمامي لحبه لها، لعدم تحمل غيابها ..

تبلدت مكاني، شعرت بلهيب بقلبي، انفجرت آلام جسدي دفعة واحدة فانقطع كلامي ونظرت له وعيني تبكي دمًا

لا أعلم ماذا أقول؟

وماذا عن غيابك لي؟

استبدلني فورًا بأخرى، وكأني شيء لا قيمة له

لماذا يبكي عليها هي؟

أنا من علمته الحب

أنا من أحببته..

أنا الحمقاء بهذا القلب اللعين

لماذا يبكي عليها؟؟؟

أنا لست بخير لغيابه، وهو لا يراني؛ ليحزن على عدم وجودي جانبه

شعرت حينها بآلام الفنانة وهي تشتعل في غناءها "وأنا اللي كنت فاكره إنه هيشتكي من بعدي فاجئني بقصة تانية ضيعلي الحلم الوردي!"

9

مصاب بالقلق ويرتجف خوفًا وأنا بجانبه

وكأني عاصفة تهب في وجهه تبكيه خوفًا

أنا أحبه لا أعلم لِمَ لم يطمئن ألم يكفيه قلبي؟!

يبكي خوفًا وأنا أبكي؛ لفشلي في طمأنة قلبه

لماذا الحب هكذا؟

لماذا فشلت أن أكون حبيبة ناجحة؟

لماذا لم يطمئن وأنا معه؟

لا أعلم ماذا أفعل؟ ولكن أريد أن أبكي طويلًا حتى أطمئن أنا

لا أعلم كيف سأطيق روحي وقلبي ثانية بعدما فشلت في طمأنة نصفي الآخر؟

وكأني أنا منشقة نصف خائف ونصف مطمئن

والنصف الآخر هو.

10

أعودُ إلى منزلي وقلبي محملٌ بالخيبات.

أستغرقُ الطريقَ وأنا تائهة لم أجدْ أيَّةَ إجابات لأسئلتي المبعثرةِ في رأسي.

أستلقي على سريري وأبكي على قلبي الذي ألقاه تحت قدمِه.

يدايَ ترجفانِ وجسدي يحاسبُني على أشياءٍ ليس لديَّ دخلٌ فيها.

طاقتي انعدمَتْ.

لم يتوقفْ عقلي عن التفكير.

يتساءل متعجبًا ماذا فعلنا لكل ذلك؟!

لا يعلمُ قلبي المسكينُ أنه سيحاسب على صدقه.

لماذا عوقبْتُ على حبي؟

أنا التي انصَبَّ حبي وقلبي بصندوقٍ رُمِيَ بأخرِ أمواجِ البحارِ كشيءٍ لا قيمةً له.

نزيفُ قلبي أراه من هنا

تلونَ البحرُ باللونِ الأحمر

لم يسعْ ندباتِ قلبي

رأيتُ الجميعَ أغرقوا بجرحِ قلبي،

فكيف أكون أنا؟!

11

كنت أتجرع سم كلماته كل يوم دون أن يشعر، ولو مرة أني هنا جانبه بجثة الميت ...

لم أكن بخفة الفراشات على قلبه

لم يجد أثقل مني

لست بأميرة في عينه

كان ينظر إليَّ ويخبرني كم يراني شخص عادي، ولست بمواصفات فتاة أحلامه، ولكن القدر يجبره على ابتلاعي

فينشق قلبي لنصفين

نصف ينزف دمًا ويبكي حتى ينهار، والنصف الآخر يردد أن كلماته هكذا، لا يشعر بسم الكلمات التي يلقيها، وليس بقاصد أن يقتلني

لا أعلم لما لم يحبني

وهبته عمري بأكمله

أضعت حياتي لأجله

لم يخبرني أنه سيتغير إلى وحش يروعني

ووهبت عمري له

حتى فزعت عند قتلي...

12

اشتقت لأيامنا فذهبت اليوم للمكان إياه

مكان جمع كل ذكرياتنا

رأيته يجلس أمامي ويده بيد حبيبة أخرى، يعاهدها نفس العهود

يتغزل فيها وينظر لعينيها، ويخبرها أن هاتين العينين امتلكوا قلبه

اقتلع قلبي بدقاته والرجفة لم تتركني

وعيني تفضحني وتبكي بصوت قاهر

أغمضت عيني ومر شريط الذكريات أمامي

حتى غرقت في دمعي

أصيبت قدمي برعشة لم تتوقف حتى الآن

أنا من أحببته

أنا صاحبة هذه العهود

لماذا تأخذها هي؟

وفي لحظة مر أمامي ذلك اليوم

حينما كنا نلتقي في نفس المكان فيخبرني أني أضوي بعينه أضعاف كل هذه الورود

فيخطف وردة ويقول أني بصفاء بياضها، وهذا ما يجذبه لي.

13

انتظرت سؤالك عن أخباري

فظللت على قيد الانتظار أربع سنوات ونصف

لم تطلع حتى على منشوري المائة بعد الألف، الذي أكتب لك فيه عن اشتياقي لك

كيف تخليت عن من أمضت حياتها كلها فداء حبك

من كنت تصفها بروحك

كيف ومتى اقتلعت روحك مني؟ وذهبت لمكان لا أعرفه

ألم تشتاق لي!؟

لن يتذكر أي شيء لي

وكأني عابر لا جدوى منه ومضى

كيف طاوعك قلبك تسليمه لقلب لا يحبه؟

أنا من أحببتك والأحق بهذا القلب

أنا من زرعت بساتين العشق لك ورويتها بحبي

لن تخبرني حتى عن سبب واحد لابتعادك

ماذا فعلت لك؟

لماذا تركتني لرأسي وأفكاري؟

أنا تائهة ولن أستطيع العودة مرة أخرى

أرجوك عد لي.

14

أرخيت يدي هذه المرة

لن أتشبث بأيادي لا تعرف شيئًا عن التمسك

لن أحاول هذه المرة

ليبقى من يبقى، ويبتعد من يريد

أرهقت من محاولاتي التي لا تنتهي إلا بفتاتي

تركت الجميع لإرادته

لن أجبر أحدًا ليبقى

لن أتمسك بمن اختار فراقي وباع كل شيء بسهولة

سأشاهد هذه المرة كل الراحلين بنفس لا تبالي مستسلمة

هدرت طاقتي ونفسي مع أناس مستعدين للرحيل، عند أول مرة

لا أبذل فيها المحاولة؛ لكي يبقوا

نستحق أن يحارب من أجلنا، ونشعر أننا لسنا الحرب ذاته لهم

نستحق العيش ولو مرة دون صراعات داخلنا

نستحق أن يختارنا شخص في كل مرة دون تردد.

15

أخبرته برحيلي؛ لسبب مرضي الذي أخبرني عنه الأطباء

إن عمري سينتهي قريبًا

لم أرى في عينه أسى، رأيته مرحبًا بغيابي كسجين فك أسره

لم يسأل حتى عن سبب بعدي!

لم يخبرني أنه لن يستطيع أن يعيش دوني

كل تلك الكلمات التي انتظرتها..

بل غير مبالي، وكأني لا قيمة لي عنده

تمنيت لو ذهب عمري قبل هذه اللحظة

رحلت مهرولة بعيدة، بكيت لموتي مرتين

والموت أرهقني بتلك اللحظة التي أقصها، ومشاعري تتفتت

يؤسفني قول لم يحبني!

16

الساعة الرابعة عصرًا كنت أجلس بمقهى أتناول قهوتي المرة،
ومعي أوراقي وحزني أكتب له قلبي أني أفتقده

وعند كلمة لماذا ذهبت لغيري وتركت حبي، بكيت ثم أغلقت
أوراقي وتناولت مرارة القهوة التي تشابه مرارة أيامي دونه

وفجأة.......

رأيت محبوبته الجديدة

جالسة أمامي، كانت تتناول مشروبه المفضل وتقرأ رسائله بحب

رأيت لمعة بعينيها، فبكيت قهرًا على عيني التي بقيت حزينة منذ
غيابه

مأتي سؤال اقتحموا رأسي

قررت الذهاب لها لأطمئن من خلالها عليه

لا أعلم هل أخبرها عني، ماذا أقول لها؟

هل تعرفني؟

ذهبت وعيني تتغلغل بالبكاء

ونزيف قلبي مستمر

نظرت لها وطرحت سؤالًا أتتذكري من أنا ؟!

نظرت لي نظرة غضب وصمتت

ماذا تريدين؟

أرهقت كثيرًا لأمتلك قلبه

ولجعله يتوقف عن مناداتك والحديث عنكِ..

وحتى الآن مازال حديثه عنكِ، فاذهبي بعيدًا عني ولا تلاحقيني

قالت هذه الكلمات ورحلت

فتوقف بكائي وشعرت لوهلة أن حبي لم ينصب في فراغ

فركضت خلفها وسألتها بكل لهفة عن أحواله

قلت لها أعلم أني أجرحك ولكن

انتظرت سنوات عديدة

أضعت عمري كله بانتظاره أرجوكِ طمئنيني عنه

فقالت لي لحظة، واتصلت به وسمعته يقول لها أحبك..

فانتهيت...

17

أصمت بعد دموع متواصلة

وسهر ثلاثة ليالٍ دون أن تغمض عيني لحظة

تتبناني لحظة انعزال عن العالم كله

أريد الانعزال وحدي دون سماع أي أصوات حولي

أريد التوقف عن التفكير ولو ساعة واحدة

أتمنى أن يهدئ قلبي ويرتخي جسدي من ألمه

تذهب الذكريات عني ولحظات الوداع

أريد أن أهدأ فقط

كل ما حولي يدعيني للبكاء

كل شيء يرهقني

لم أفز ولو مرة بشخص يمضي معي باقي الطريق

أركض يمينًا ويسارًا؛ لتتبعثر أفكاري بعيدًا عني

أنا غارقة هنا

لن أنجو من كل ذلك

هذه حياتي البائسة التي ترون أنها ربيعًا!

18

تمر أحلامي كل يوم أمامي

تلك الأحلام التي بنيتها معك

أتذكر كل التفاصيل

كل شيء بنيناه وهدم أمامي

كل عهد أخذناه ونقض

كل شيء رسمته بقلبي لونته أنت باللون الأسود

فنزعت ملامح أحلامي

تركتني وقلبي

أبكي عليها كل يوم

وكنت كلما حاولت رسم رسمة جديدة لحياتنا معًا

نظرت إليك من بعيد

رأيتك لم تتأثر بغيابي

أرى كل شيء على التمام دوني

فأعود وألونها أنا باللون الأسود وأردد لا بأس المهم أنه
بخير...

19

رأيته اليوم....

لقاء بعد غياب سنوات عديدة

بعد غياب ذكريات، أحاديث لن تنتهي وقلوب أنهكها الفراق.

التقت أعيننا بلمعة حب وكأنه أول لقاء يجمعنا

ربما كان سيعاد سيناريو الحب

غرقت في عينه

أرى بها كلمة "اشتقت لك"

تلعثم لساني

أريد ضمه لا حديثه

بكيت وعلى وجهي كل تعبيرات الشوق

يحدق بعيني

وأنا أضمه بقلبي

اقتربنا معًا بضمة داخلها كل ما نريد البوح به

أصبحنا نردد نفس الكلمة

بكينا سويًا وأصبحنا نردد نفس السؤال

لماذا ابتعدنا؟

أخبرته بأن قلبه مازال ملكي هنا

روحه لم تنفصل عني

أنا هنا بفضل قلبه وروحه داخلي

أشعر وكأني أولد من جديد

لا أصدق وقلبي أن هذا ليس حلم كل يوم وسنفزع بحقيقة الأمر

رأيت الحب وإلى الآن قلبي يرفرف في سماء حبه

20

التقينا من جديد

أراك حين أغمض عيني

وعند أول كل صباح

وحينما تغرب الشمس

وعند انتهاء دموعي الأخيرة في آخر الليل

أراك بالشوارع، فأنادي باسمك فيرد العابر باستغراب لست أنا
من تريديه

لم يتعافى قلبي منك

صراعي لن ينتهي

ففي الصباح لا أريدك

وفي الليل لا أريد غيرك

سئمت من ملاحقتك وظلك الذي لم يفارقني

كيف تعافيت مني؟

حتى الآن لم أنجو منك

ولا أعلم ما الذي سينتهي حبك أم أنا!

21

قهوة كثيرة

حزن أكثر

كلمات تقف أعالي رأسي أسردها بدم قلبي

دموع متواصلة

رعشة يد لا تنتهي

أكتب بنفس المشاعر، وكأن حزني يتجدد كل يوم

وبعد التأكد أن ليس هناك بالغرفة إلا حزني وأوراقي

أسترجع ذكريات أعلم جيدًا أنها دفنت ولن تحيا مرة أخرى

تعاهدت ونقطة الصفر التشبث مدى الحياة

يتبناني الألم وبعض من اللامبالاة

لم أجد ولو طريقة أو أخرى لتفريغ كل هذه المشاعر

مشاعر لا تنتهي تزداد وتتجدد ألمًا كل يوم

أنا هنا بحرب لا آخرة لها، أفكار لا تنتهي وحزن لا يزول

وكأنه كتب علي العيش هكذا، أن أبقى عالقة بالمنتصف

كنت أسهر طيلة الليل وقلبي يرتجف من القلق على غيابه

لم يراسلني ولو مرة وسط يومه، ربما أيام أسبوعه كلها

كان يلتقي برسائلي وقت فراغه

يحذفها ولا يرى قيمة لها حتى يراسلني برده

وبعد إلحاح أسبوعين فحسب يفاجئني برد يشعرني أني شيء لا
جدوى منه

وكأن رسائلي هي من تسبب له اضطرابات مزاجية!

لم أشعر ولو مرة أني شخص يهمه

يظل يردد أنه مشغول دائمًا

يعطي وقته لكل شيء إلا أنا

تلك الأعذار التي تبدو فارغة

كانت تقتلني

في كل عذر أشعر بأني شيء فارغ لا جدوى منه، له
بمعنى آخر كان يئدني حية.....

22

لأنني لم أستطع أن أكون جوارك

أكتب لك نصًا كل يوم، ربما كل ساعة

أرسم طريقًا آخره مدينة تجمع حبنا

أرسل لك مشاعر فقدي لقلبك، فأنتظر عودتك حتى أفيق على النص الخامس والعشرون، اليوم التالي بأنك لم تأتي

لم يصلك ما في قلبي

لم يصلك دمعي الذي جفف عيني

أريد اطلاعك على قلبي وليس أوراقي

تمعن إليه جدًا

هناك ستجدك به.

23

في الصباح بكيت عندما استيقظت على ضمك لي

وكلمة "أحبك أنا هنا جانبك"

نظرت لجميع أركان الغرفة

في الركن الأول رأيت قلبي يسيل دمًا، يبكي ويخبرني أنه هنا وحده منذ أربع سنوات

لم تأتي ولو مرة لتتفقده

فذهبت بكل خذلان أردد، سيأتي هو عاهدني بذلك

ثم نظرت للركن الثاني

فرأيت آلاف الأوراق جفت عيناها من أمل كاذب، أعطيها لها كل يوم

وفي الركن الثالث والأخير رأيتني وحزني ننتظر عودتك؛ لتنفض عنا غبار اليأس ونحيا من جديد..

قلبي متيم بك، ألا حان وقت الرجوع!

24

أحبك بقلب مخذول

قلبًا كاسف الحال مل الانتظار

أحبك رغم كل هذا البعد ورغم ما تسببه لحياتي ومرارة أيامي

بليت بقلب صادق

قلبًا لا يريد سواك

أصبح مرهونًا بك

تنهشني الذكريات أمامي

أنظر له ولا أدري ماذا علي أن أفعل!

أنا هنا تائهة بين أفكاري وقلبي وذكريات لا تنتهي

كلما أردت أن ألمم شتاتي رأيتك بمنامي

فكل خطوة أخطوها للأمام تأتي أنت لتهزمني.

25

راسلني الأمس يطلب مني التوقف عن التفكير بخيال عودتنا

وأن حبي قد انتهى ودفن بالنسبة له

ولم يعد هناك شيء ليعود له

أخبرني أنه لم يتذكرني

وقلبي

يمضي ملتفتًا وقلبي تحت قدمه

احترقت كسيجارة لا تستطيع البوح لصاحبها

وقفت هنا عمري كله أنتظره

لم أنتظر هذه القسوة؟

لم أنتظر كلمات تقتلني؟

لم ينظر لعيني ليعرف ما بداخلي

كيف يمضي دون الالتفات لحزني!

لم يسمعني ولو مرة

كيف لقلب أن يحمل طيلة حياته حزنًا لا ينتهي.

26

بكيت بحسرة لأنني لست المرأة التي ستحظى بقلبك

كل أحلامي أصبحت هباء

لم يؤذن لي ثانيًا النظر لعينيك البنيتين ثم ضمك

كيف الحياة غير عادلة هكذا!

أنا من أحببتك، أنا من سهر ليالي وربما شهور، أو سنوات لك
ولا أبالي

كيف خان قلبك حبي!

أخبرتني أني امتلكتك ولن تذهب إلى غيري

كيف تنقض عهدًا جعلني أحيا إلى الآن

ألم يسعك قلبي؟!

ماذا فعلت حتى يهون قلبي عليك

كيف تطلع لأحلامي وتحققها مع غيري؟

أنا من حلم وهي من حققت!

27

أعلم جيدًا أن كل شيء انتهى، ولن يعود؛ ولكن ما زلت أحبك

مازالت تلاحقتني الذكريات

ما زلت غارقة في عينيك

لم أحظى بنعمة النسيان

أنا هنا يمر أمامي كل أيامنا

لست بخير دونك ولن أكون

عاهدتك أني سأظل أحبك حتى ينتهي عمري

وها أنا هنا أنتظر افتراق روحي لحياة خالية منك

أنا هنا لأجلك ولن أحيا دونك

سيبقى قلبي عالق بماضٍ يختص بك، إلى أن تعود ونبني
حاضرًا ومستقبلاً من جديد

كطفل صغير لا يعلم سوى رحم أمه.

28

أتمنى أن يجمعنا كوب قهوة ولقاء يغمرنا بالحب

عناق طويل نفرغ فيه مشاعرنا

نمضي ونلقي ما مضى خلفنا، لا نلتفت، فنلتقي وكأنه أول لقاء.

نرسم حياتنا من جديد

نضع أحلامنا بكل الحب

ننهي حديثنا بعناق آخر

فتطمئن قلوبنا ونواصل المسير من جديد

أخبرك أن دنيتي أنت

وأماني النظر في عينك

وحياتي بين ذراعيك

فتخبرني أنك هنا؛ ولن تترك يدي مهما كلفك الأمر

نذهب لشوارعنا المفضلة، فنسير فيها طوال اليوم دون أن يشعر كلاً منا بعدد الساعات

نعود بعد يوم طويل، أسمع نبرتك فتغفل عيني مطمئنة

أن نحيا من جديد...

29

كنت أسير بشوارع ذكرياتنا

أرى الشفقة بعيون من حولي

فأمسح دمعي

لا أريد هذه النظرات

أريدهم أن يدلوني عليك

أصبح وجهي مزين بالحزن تعلوه الكآبة

أبكي، أشعر كأني افتقدت نفسي بماضي، ولن أستطيع العودة
ثانية

لم يزورني قلبك، ألم تفتقدني؟

لا شيء ينخز قلبي كقسوتك

لا أعلم كيف تحولت هكذا!

لم تعد حبيبي

لم تعد أنت

كأب تبرئ من ابنته وفزعها بقول أنها لم تعد تعني له شيئًا!

هكذا فعل...

30

عندما يأتيك الخذلانُ من الشخصِ الذي كنتَ تستثنيه دائمًا

ستتحولُ إلى شخصٍ لا يعرفُ عن الأمانِ شيئًا؛ سوى أنه فخًّا

سيشعرُ قلبُكَ أنه غيرَ مرغوبٍ فيه أبدًا، ولا يستحقُّ سوى الفِراق

سترى كلَّ شيءٍ بعينِ الخوفِ؛ فيتملكَ منك، ويُذهبَك إلى أقصى أماكنه

ستفقدُ الرغبةَ بالقربِ من أي شخصٍ مهما كان

ستصبحُ شخصًا فاقدًا الأملَ بالالتقاء بشخصٍ صادق

فأنت الذي وضعْتَ قلبَك بينَ يديَّ من تحبُّ، وفزِعْتَ برؤيتِك له ينفُضُهُ من يده ملقِيَهُ تحت قدمَيْه.

فكنتَ الذي شاهدَ موتَه بعينيه، فكيف يستعيدُ رُوحَه ثانيةً؟

31

يؤلمُني أن تتحولَ أيامُنا لمجردِ ذكريات.

أن نُصبحَ أغرابًا، كلانا يسلُكُ طريقًا غيرَ الآخر.

أن نلتقيَ فنُلقيَ سلامًا خاليًا من الشوقِ الذي تعودنا أنت وأنا على وجوده.

أن تخْلَى أيامُنا من الأحاديثِ التي ينتظرُها كلانا من الآخر

أن نتألمَ بأيامٍ تخلو منَّا

يؤلمُني أن نرى تلكَ العهودَ التي أخذاها قلبي وقلبك أصبحت هباءً

يؤلمُني أن أراكَ مفضلًا في حياةِ غيري

"لن أُفلِتَ يديَ مهما حدث، ومهما كلَّفنيَ الأمر "

أليس عهدُكَ هذا ؟!

أينَ عهدُك؟ وأين أنا منك ؟!

ولكن......

أعتقدُ إيقافَكَ لحديثِي كان لا جدوى منه في ذلك اليوم الذي أخبرتُك به أنّي لن يتحملُني أحد، وإني بانتظار فراقك، أخبرتك أني اعتدتُّ الهجرَ؛ فلا تتعجب.

ولكني كنت على أملٍ بقلبِك، حتى أني أصبحْتُ أترجى قلبي

"لا تخف هذه المرة"

لم يكن أمرًا هينًا حينَ أعطيْتُ لك الثقةَ لِتُطَمْئِنَ ارتجافَ قلبي

لم أكن أعلم أنك الرّجفة!

كان يمكنُك إخباري أنه سيأتي اليومُ الذي أقفُ وأشاهدُ نزيفَ ثَقبِكَ قلبي لأستعد!.

32

تُرعبُني فكرةُ شعوري بالا شيء دائمًا، لا أعلمُ أسببُ الأمرِ حدادي الذي أقمتُه على نفسي منذُ قرونٍ وتم الأمرُ بالتمام، ومازلتُ على قيدِ الحياةِ مجدّدًا !؟

أم أن الأمرَ موتُ كلِّ شيءٍ داخلي؟ ومازلتُ أيضًا باقيةً على قيدِ الحياةِ بجثةِ الموتى ؟!

أم توقفَ قلبي عن فكرةِ الشعورِ تاركًا الأمرَ لجسدٍ أماتَه بيدِه !!

33

مرَّتْ الأيامُ يا حبيبي كالبرقِ.

لم يسعْ قلبي كلَّ الآلامِ التي ألقيتَها به، لم يتحمل جسدي تلك المسافاتِ الطويلةِ التي بنيتَها بيننا.

أنا تائهةٌ بين الأسئلةِ المبعثرةِ في رأسي، لم أجدْ ولو إجابةً واحدةً تبرّرُ هجرَكَ لقلبي المسكين.

لم يعدْ يتوقفُ عن كلمةِ "خائف" بالرجفةِ.

سئمْتُ من إقناعِهِ لي بأنه لن يطمئنَّ مرةً أخرى حتى تعودَ.

34

ليال باردةٍ، دموعًا جافةً، قلبًا لا يبالي، عقلًا يفكرُ في اللاشيءِ، أجسامًا رافضةً البقاء على قيدِ الحياة، تفلت يداها مستسلمةً لا تبالي، حتى التعبيرُ عما تشعرُ به توقف.

لا شيء يتحملُ سماعي، حتى القلمُ يبدأُ يسيلُ دمًا عندما أحاولُ شرحَ ما بي له، والأوراقُ جفَّتْ عيناها دمعًا وأخذت تلملمُ نفسها تطلبُ التوقفَ عن سردِ أيِّ شيءٍ لها.

لا بأسَ، أنا أيضًا لا أتحملُني.

35

وجهي شائبٌ

قلبي مصابٌ بالوداعِ

يداي تنزفانِ من التشبثِ بأناسٍ لم يعلموا شيئًا عن التمسك.

ودّعَتني أحلامي، شخصي المفضل، وأنا.

أخبرَني من أحبُّ أني لم أعد أُعني له شيئًا

يداي هاتانِ، أفلتهما رفيقُ قلبي..

عيناي تنزفانِ دمًا..

الحزنُ يأكلُ جسدي، يكادُ ينفجرُ ألمًا...

أكرهُ النهاياتِ، لم يفزعُني شيئًا مثلها...

يرتجفُ قلبي بعنفٍ حينَ الوداعِ، تُخبرُني دقاتُه أنها ستتوقفَ فأستعِد.!

لا أعلمُ ماذا فعلَ قلبي لكل ذلك؟

لا بأس، في النهاية أنا بخير، إجابة لمن يسألُني كيفَ حالُك.

36

يومًا ما سنعود ....

سيخبرك قلبي كم كلفه أمر انتظارك

كم سهر ليال فتكته كاملاً فأصبح سقيم بالهزال

ينظر غير مباليًا لمن يخبره لن يأتي

فيردد مالي سواك لا تخذلني

أنا هنا أنتظر نفضك لغبار أوراقي التي ملئت غرفتي

لم أمل من الكتابة لك

أضعك بين قلبي وأوراقي كل يوم، ثم بنهاية اليوم أحضنك

داخلي حتى أطمئن

لم أتعافى منك

أرى وجهك بكل من يمر جانبي

أحتفظ بأحاديث سنوات لأخبرها لك

لم يخترق أحد مكانتك

كل شيء يخصك يحفظه قلبي

وحتى الآن لم يعترف قلبي بالحب بعد حبك

38

أنظر للسماء كل يوم وقلبي ممتلئ رجاء

تتغلغل عيني بالدمع وترتجف يدي حين الدعاء لك

أنتظر منذ سنوات ولم يستجاب دعائي

ولكن الأمل داخلي لم ينتهي

شيء يخبرني أن المعاد قد اقترب

وكأن ثقة العالم بي أنك ستعود وأحيا ثانيًا من جديد

أرى جبر من حولي فأزداد أملاً ويقينا أن موعد جبري قريب

يتعجب من حولي كيف لي أن أنتظر كل ذلك الوقت!

ولا يعلمون أن ليس لي أي خيار آخر

لا يعلم أحد أني لم أحظَ بحياة دونك

أبكي بآخر ساعة في الليل، ثم أغمض عيني فأراك تضمني

وتمسح دمعي ثم تخبرني أنك لن تذهب بعيدًا وستأتي قريبًا

فأستيقظ بأمل جديد

وقلبًا شاردًا بين صدقك وبين الواقع الملموس

هكذا هي حياتي ...

38

حينما كنت أبني أحلامًا وردية

كان يخطط اقتلاعي من حياته وبدء حياة مع أخرى

أخبرني أنه لم يعد يحتمل تكملة الطريق معي

لم يعد يحتمل تشبث يدي وحان وقت الإفلات

رأيت قسوة بعينه، انشق قلبي نصفين وشعرت لوهلة أنه حان احتضاري

ألقى حبي بعيدًا، ومضى ناسيًا كل هذه السنوات

أرى كل شيء يهدم أمامي

ألقى في وجهي الذكريات وكأنها عبث لا بد من إنهاءه

كيف لقلبه أن يتمرد على من مضى حياته جانبه!

كيف له أن يقتل من أحياه؟!

39

كنا أوفى الأحباء

كان يسكن الحب قلوبنا

لم يكن الأمر ما تسموه بحلاوة البدايات

كان حبًا لو وزع لملئ قلوب العالم أجمع وتبقى منه ثانيًا

كنت أسير بشوارع مدينتي؛ كطير يرفرف بالسماء يمتلك كل ما يريد

أبكي لقلة حيلتي وقهري الذي لم أستطع البوح به

لا أملك سوى التنفيس بحروف تضم كتمان قلبي

لم أحظَ بذاكرة ضعيفة

ملعون بذكريات لا تمحى

لا شيء يمضي

أنا هنا منذ سنوات وحتى الآن لم يجد قلبي مخرجًا لطريق آخر سواه.

40

عاهدني البقاء ولكنه لم يقسم

وضع الأمان بقلبي ثم اقتلعه كطفل صغير طمأنته أمه بعدم مجيء العدو ثم فزع على قتله

إلى الآن لم يتعافى قلبي منك

كيف له أن يطمئن بعدما سلب الأمان بأسوء أنواع الفقد!

كان يخبرني أني ابنته المدللة

وجنة حياته بالدنيا

لا أخفي عليكم أني مفتتة

لم أسرد ألمي؛ لأن نظرات الشفقة تلاحقتني هنا وهناك ولكن، لا أملك القدرة على تضميد جراحي

لا أستطيع فعل أي شيء سوى الكتابة...

41

سأظل أكتب عنك حتى ينتهي الأمر باحتضان قلبك

أن يكون نهاية المطاف حبك...

تضم أوراقي ثم تقبلني قبلة تنزع حزن ما مضى داخلي

تخبرني "أحبك" أميرتي

فأتمعن وأطيل النظر في عينيك البنيتين، وأخبرك كم انتظرت ذلك اليوم

أضمك داخلي، أخبرك أن أماني ومأمني هو قلبك

نسير بشوارع هادئة

يدك بيدي..

نسمع أغنيتك المفضلة

تهديني وردة بيضاء، وتخبرني أنها تشبه صفاء قلبي

تركض إلي عندما يجتاحك أي حزن

لن أمل الحديث معك حتى ينتهي ما يؤلمك

سأظل هنا يا حبيبي

لن يميل كتفي، لن تغمض عيني حتى تكون بخير

أن أحظى بأيام تملؤك..

42

كيف أخبرك أني أحتاجك، وأنت تلوي ظهرك حينما أطلب منك

أن تبقى جانبي هذا الوقت

تهرب وكأن العالم كله يطاردك

أبكي لضعفي ووحدتي وهو جانبي

أبكي لأني الطرف الأكثر حبًا دائمًا

أهب قلبي حتى يعتاد على العطاء

لست بخير ولن أكون

تنهشني الذكريات، أبكي حتى تسيل عيني دمًا

والأوراق تبدء تلملم نفسها، طالبة مني التوقف عن سرد أي

شيء

لا يوجد شيء يسعني

ليس هناك من يتحملني

إلى متى سنظل الطرف الأكثر حماسًا، الأكثر عطاء، ومحاولات؟

43

سردت له ضعفي بدموع لا تنتهي

انتظرت مواساته لقلبي

نظرت لعينه لأرى تضميده لي؛ فبكيت لجحوده

لم يطمئنني ولو بكلمة

انتهى حديثي ثم تركني وذهب

تركني أرتجف

هان قلبي ودمعي عليه

لم يعطني أي اهتمام وكأن حزني آخر شيء يهمه

خذلني من كشفت غطاء ضعفي له

خذلني من آمنته على قلبي فأهانه وأهانني

لم أحظَ بالأمان ولو مرة

وحتى الآن لا أعلم من هذا الذي رأيته؟!

44

أنت لا تعرف ما معنى أن أحبك فأضعك بين ممتلكاتي الخاصة

حروفي، أوراقي

وشفتاي....

لا تعلم معنى أني أحبك بكل حروفي، وكلماتي التي لا تنتهي

أتغزل في عينيك بقصائد ونصوص لا حصر لها

هذا الشعر الأسود مغرم به قلبي

وتلك الابتسامة التي تخفيها في صورك تلون وجهك وقلبي

بالحب

تفاصيل لن تلتفت لها ولكني أضيع بينها

أنظر إلى صورتك التي تراها عادية فأتوجها

أراك ملك بعيني وابني المدلل..

أحببتك بقلب لو نظرت له لتاه قلبك في غرامه

أمير آه لو أنال قلبه

بالنهاية أنت البحر، في حبك الواسع والباء سين ...

45

كنت أحبه في أحلامي فقط

لم يلفظ لساني بأي مشاعر تجاهه

ولكنها مخزنة بقلبي

فقلبي يحبه وعقلي يردد إياكِ أن تضعي ثقتك ثانيًا

أرسل له كيف حالك

أنتظر رده على مشاعر خفية داخل سؤالي

لم أسأل عن أحوالك العادية، يهمني أحوال قلبك

أيسكنه أحد غيري؟

يخبرني أنه بخير دون أن يصحبها بأحبك

أتوه في خيالات داخلها امرأة غيري

رأى صورتي أمس لم يخبرني أني كالقمر بعينه

ربما هي من تحظى بالغزل منه وتلك الكلمات

يؤلمني قول لم يعد لي..

46

وماذا لو عاد معتذرًا؟

والذي خلق السموات والأرض لا قبلته ولا قبلت اعتذاراته، كيف تريدني أن أتناسى كل ما فعلته لي يا أحمق؟

قد شهد الليل على قلبي؛ كم من الاشتياق هلك!

ومن الحنين تألم

يركض يمينًا ويسارًا ويخبره، كم تمزق وتعثّر؟

كيف لك توهم عودتي لك؟

وماذا عن قلبي؛ الذي أصبح سقيم بالهزال؟

وعن روحي التي تهشمت؟

وعن كل ما تركته لي!

دعني أخبرك أنك أصبحت لي اللاشيء

ماذا كنت تظن ؟!

تظنني سوف أكون في انتظارك، أم سأعطي لك من الفرص ما لا تستحقه

أتظنني بلهاء أسمح بعودتك ثانية لتحطمني تمامًا!

أحمق أنت، فقد تركت من رأت جدار روحك يريد أن ينقض فأقامته

وذهبت لمن أرادت أن تتخذ عليه أجرًا!!!

لمن أقامت بك السلام لتحيا، لتواجه الحياة بنفس مطمئنة هادئة، وذهبت لمن تشعرك بأن لذة الحياة ليس لها وجود.

47

بعد اختفاء أسبوعين

وتجاهل مكالمات لا حصر لها

وعدم الالتفات لحزني وقلقي

أخبرني بخروجه الآن من غرفة العمليات

أرسل لي العنوان مصحوبًا بمقولة

"أريدك جانبي، بانتظار زيارتكِ"

ركضت وقلبي يقتلع

لم أسيطر على ضربات قلبي، أسمعها بأذني كادت تنفجر

وصلت وشعرت أني سينتهي الآن عمري

استيقظت على كلمة أنتِ بخير!

أخبرتهم إني أملك فوبيا الدم ومعاناتي من دخول المستشفيات ورائحتها

ذهبت فورًا وبدأت أسأل عنه، فأخبروني أنه لا يوجد أحد بهذا الاسم

قلت لهم كيف وأنا تأكدت من العنوان؟ وهذا هو

ربما أنتم مخطئين

اتصلت به وسألته أين أنت؟ وأخبرته بما حدث فأخبرني أنه سعيد الآن كمن انتصر بحرب

كان متلذذ بخوفي ومعاناتي

وحتى الآن لا أدري من هذا؟

48

تدهشني قدرتك على البعد

كيف لقلب أن ينسى من أحياه؟

كيف لك أن تترك ترويع من وضع بك الأمان؟

لن تلتفت لقسوتك ولو مرة!

وكأن قلبي يملك مشاعر مجمدة، لن يتأثر بخذلان حبيبه له

أشعر بثقل العالم على قلبي، فأهانه وأهانني

واستبعدنا كأغراب من سفر لم يمتلكوا بيتًا، ورفض إكرامهم

داخلي كلمات يود قلبي لو يسمح له البوح بها ولو مرة بدلاً من

تقيؤها على هيئة آلام تنهشني.

49

لن تنفصل أرواحنا

برغم هذا البعد والسنوات التي بيننا

لم تنفصل روحك عني

مازال يحيطني طيفك، وقلبك، وأنت.

يرتجف قلبي بعنف، وكأنه يرفض البقاء دونك بالرجفة

لم ينم عقلي منذ هذا اليوم

أترجاه كل يوم أن يلقي الذكريات الآن حتى يفوت الليل

مازلت معلقة بك وعلى قيد الانتظار، كطفلة تركت وحدها بطريق لن تعرفه لمدة خمس سنوات وعلى يقين إتيان والدها وانتشالها من هذه الوحشة!

لم تفكر ولو مرة بترك هذا الطريق، فهي لم تصدق أنه لن يأتي ببساطة وعدها

..ولن تعرف شيئًا عن إخلاف الوعد

هكذا أنا.....

R   M